DU
SUFFRAGE UNIVERSEL

De la

Représentation Proportionnelle

des

MAJORITÉS ET DES MINORITÉS

au

PARLEMENT

par

Ch.-C. FOULON

Rédacteur en Chef du *Franc Parleur*

REIMS

IMPRIMERIE CÉRÈS

12, rue du Faubourg-Cérès, 12

1896

DU SUFFRAGE UNIVERSEL

DU
SUFFRAGE UNIVERSEL

De la

Représentation Proportionnelle

des

MAJORITÉS ET DES MINORITÉS

au

PARLEMENT

par

CH.-C. FOULON

Rédacteur en Chef du *Franc Parleur*

REIMS

IMPRIMERIE CÉRÈS

12, rue du Faubourg-Cérès, 12

1896

Du Suffrage universel

On parle beaucoup du suffrage universel depuis quelque temps. Certains qui l'avaient, jusqu'à ce jour, tenu en médiocre estime, lui font maintenant des déclarations d'amour si ardentes que nous avons tout lieu d'élever quelques doutes sur leur sincérité. Le droit divin est mis au rancart, avec les fleurs de lys et le drapeau blanc. N'a-t-il pas été question, il y a deux ou trois mois, de demander aux électeurs d'un bourg pourri du Maine-et-Loire d'envoyer le duc d'Orléans à la Chambre ?

De leur côté, les cléricaux, qui ne font jamais rien à moitié, ne parlent plus que d'étendre les droits du suffrage universel ; le *referendum*, voilà la panacée souveraine pour laquelle bataillent ces bons apôtres. Que nous ne protestions pas, et avant longtemps ils affirmeront avec la dernière énergie qu'ils sont les inventeurs de ce système de consultation du peuple. Le *referendum* leur ayant réussi à Beauvais, sur une question de procession à faire avec le concours du clergé en l'honneur d'une femme qui n'a, paraît-il, jamais existé, Jeanne Hachette, nos souples dévôts se sont mis en tête qu'il en irait partout de même, et, depuis ce succès très relatif — les républicains se sont abstenus — ils ont de ce mode de consultation plein la bouche.

Pour notre part, nous ne sommes nullement opposé au *referendum*, qui fonctionne admirablement dans une République à laquelle nous aurions bien raison d'emprunter la meilleure partie de sa Constitution.

Mais si les cléricaux, dont la sincérité, en l'espèce, nous paraît très sujette à caution, témoignent au suffrage universel un amour aussi ardent que celui de Rodrigue pour Chimène, par contre les opportunistes paraissent tout disposés à lui faire subir certaines *corrections* qui devraient, — ils l'espèrent du moins — maintenir dans leurs mains un pouvoir qui semble bien près de leur échapper.

On n'ose pas encore avouer que le retour au cens électoral est désiré ; mais on prend déjà soin de signifier au suffrage universel qu'il n'est pas le maître absolu. N'est-ce point cela que pensait M. Poincaré lorsque dans un récent discours il disait : « Les députés auraient le plus grand tort de s'imaginer qu'ils détiennent à eux seuls toute la souveraineté nationale ».

Le député de Commercy a négligé d'éclairer sa lanterne ; mais enfin il n'est pas difficile de dégager sa véritable pensée de la phrase que nous venons de reproduire.

Que le suffrage universel, qui semble disposé à mettre fin à l'asservissement dans lequel l'ont tenu depuis vingt-cinq ans les opportunistes, manifeste, dans les élections partielles qui pourront avoir lieu d'ici la fin de l'année, l'intention de se dégager des entraves dont les détenteurs du pouvoir l'ont ligotté, et nous entendrons toute la presse gouvernementale crier haro sur le maudit,

Ce pelé, ce galeux, d'où *viendrait* tout le mal.

Il n'est pas besoin d'être prophète pour pouvoir prédire à coup sûr

que, un peu plus tôt, un peu plus
tard, nous assisterons à cette campagne contre le suffrage universel.

Est-ce à dire que, tel qu'il fonctionne aujourd'hui, même en ad-
mettant qu'il soit absolument libre,
le suffrage universel ne doive subir
aucune modification ? En répondant
affirmativement, nous nous met-
trions en contradiction et avec notre doctrine et avec les hommes les
plus estimés du parti démocratique,
qui ont défendu la théorie de la représentation des minorités.

Notre ami Millerand faisait re-
marquer, dans le *Franc Parleur* du
29 Août dernier, ce qu'il y a de
choquant à laisser sans représentants une fraction de l'opinion qui
peut n'être inférieure en nombre à la
fraction représentée que d'une ou
deux voix. En effet, que deux candidats à la députation obtiennent,
l'un dix mille voix, l'autre dix mille
et une : les dix premiers mille électeurs n'auront personne pour parler
en leur nom et faire connaître leurs
aspirations.

Avec le scrutin de liste, l'injustice
du système actuel se fait sentir plus
vivement encore, puisqu'il suffit
également d'une voix de majorité à

une liste pour qu'un département, partagé numériquement en deux fractions égales à un suffrage près, compte six, sept, huit, et même vingt représentants ayant une opinion commune.

Cette injustice, le citoyen Courmeaux la combattait à la tribune de la Chambre, en 1885, lorsqu'il disait : « ...La pensée qui nous a inspiré est une pensée qui, tout au moins en doctrine, en théorie, me paraît absolument incontestable ; c'est la pensée qu'il y a lieu, dans un Etat démocratique bien ordonné, de faire une part proportionnelle à la représentation des majorités et des minorités.

« Cette doctrine ne semble pas, philosophiquement au moins, devoir soulever d'objection, et pourtant puisqu'elle est encore à l'heure qu'il est méconnue et contestée par des esprits très éminents, il est tout naturel que j'éprouve le besoin de motiver et de justifier par quelques mots ce principe selon moi essentiel de la représentation proportionnelle des majorités et des minorités. »

Et l'honorable député de Reims, qui est resté fidèle à l'idée qu'il défendait au Parlement en 1885, rappelait qu'elle a son origine dans le grand mouvement révolutionnaire et réformateur de 1789, que Mirabeau était à la tête du groupe d'hommes supérieurs qui s'en étaient imprégnés, et que le grand orateur de la Constituante disait :

« Les volontés électorales doivent être représentées aussi exactement, aussi mathématiquement que possible. »

Et le citoyen Courmeaux ajoutait, avec juste raison : « Voilà bien le principe antérieur et supérieur de la représentation proportiônnelle des majorités et des minorités. Si ce principe ne reçoit pas satisfaction dans la loi que vous discutez (il s'agissait du rétablissement du scrutin de liste) il faut bien le dire, il n'y a plus de base absolument équitable, il n'y a plus même de place pour ce qu'on peut appeler la loyauté électorale. »

Après avoir établi — je reprends ses propres expressions — «la justesse et la légitimité de cette thèse de la représentation proportionnelle des majorités et des minorités dans le Parlement, » notre vénérable ami abordait la question pratique et exposait le mécanisme du système par lui défendu.

Nous allons en parler et nous exposerons ensuite dans quelles conditions il y aurait lieu, selon nous, d'organiser la représentation des majorités et des minorités de façon à donner au pays une Chambre qui serait vraiment à son image.

II

Après avoir justifié la légitimité de la représentation proportionnelle des majorités et des minorités, le citoyen Courmeaux, dans son discours du 21 mars 1885, abordait la question pratique et exposait le mécanisme de son système.

« Supposons, disait-il, qu'un département ait dix députés à élire en raison du chiffre de la population ou des électeurs ; c'est une autre question sur laquelle vous aurez à vous prononcer, et que je réserve, mais que la base soit le chiffre de la population ou celui des électeurs, cela ne change pas sensiblement le problème en ce qui concerne la question de doctrine. Eh bien, si un département a dix députés à élire, en raison du chiffre de sa population et que 100,000 électeurs aient pris part au vote ; je raisonne uniquement pour rendre ma pensée plus sensible dans l'hypothèse que voici : le parti que j'appellerai gouvernemental, quel qu'il soit, arrive en tête sur la liste, avec 45 ou 50,000 voix. S'il y a dix députés à élire, cela représente un total de 450 mille voix. L'opposition de gauche, je suppose, ne réunit que 25 à 30,000 voix qui, multipliées par 10 donnent 250 mille voix. L'opposition de droite réunirait 15 à 20,000 suffrages, ce qui, multiplié par 10, représenterait 150 à 200.000. Puis au-dessous de ces trois listes, liste gouvernementale, liste d'opposition de gauche, liste d'opposition de droite, viennent alors différentes listes sans grande valeur numérique comprenant divers candidats qui réuniraient les uns 2,000, 3,000, 4,000 voix.

« Eh bien toute candidature qui ne réunirait pas un chiffre minimum à déterminer ne serait pas prise en considération, ne serait pas pesée dans la balance électorale, et ne pourrait entrer en concurrence avec les autres. »

Le député de Reims, après cet

exposé de son théorème, indiquait comment, à son avis, devait se faire la répartition des sièges ; il disait :

« La répartition des sièges doit être faite au prorata des totaux respectifs obtenus par chacune des listes.... La liste gouvernementale compterait cinq députés, la liste d'opposition de gauche en compterait trois — je raisonne toujours dans l'hypothèse de dix élections à faire — et la liste d'opposition de droite en compterait deux. »

Le citoyen Courmeaux, prévoyant l'objection qui pouvait être faite à son système, celle ou le candidat arrivant au sixième rang dans l'ordre numérique des suffrages, serait obligé de s'effacer devant un candidat ayant deux ou trois mille voix de moins que lui, — le citoyen Courmeaux, dis-je, prévoyant l'objection très sérieuse qui allait lui être faite, répondait par avance :

« Eh bien, oui, messieurs, dans le système que je vous propose, il pourra arriver — rarement mais enfin cela est possible — il pourra arriver qu'en effet le dernier candidat d'une liste qui soit première, ait plus de voix que le premier qui

tiendrait la tête d'une liste d'un
groupe de l'une des deux minorités.
Eh bien, pourquoi dans ce cas as-
surer à ce dernier l'accès à la Chambre ? Pourquoi, messieurs ? parce
que nous partons d'une doctrine et
d'un principe, et quand la majorité
est déjà sûre de trouver un nombre
de représentants au prorata des
chiffres reçueillis dans le total gé-
néral, nous devons, sous peine de
sacrifier le principe de la représentation proportionnelle des minorités, leur faire la place à laquelle
nous leur avons donné droit de prétendre... Il y a, je le reconnais, une
incorrection apparente à faire pas-
ser celui qui a moins de voix qu'un
autre, mais, entre deux inconvé-
nients ne faut-il choisir le moin-
dre ? Est-ce celui du mécanisme
que je viens d'exposer, ou celui du
système actuel, grâce auquel 40,000
ou 50,000 électeurs, tout au moins
les deux cinquièmes du corps électoral, restent sans représentants ? »

On connaît maintenant le système
que préconisait M. Courmeaux il y
a onze ans ; son amendement à la
loi électorale en discussion réunit
une soixantaine d'adhérents, parmi

lesquels MM. Barodet, Duportal, Ga-
gneur, Granet, Anatole de La Forge,
Lesguillier, Leydet, Frédéric Passy,
Peytral. Laisant, etc., etc.

Il nous reste, maintenant, à exposer notre système qui, tout en par-
tant du même principe, diffère
quelque peu de celui de notre ami
Courmeaux.

Supposons que des élections
législatives aient lieu dans un mois.
Dès aujourd'hui, la période électorale est ouverte. La lutte commence.
Mais ce n'est pas sur le dos des
candidats qu'on va se battre. Et
cela pour une bonne raison : c'est
que les électeurs n'en connaîtront
pas avant quinze jours ou trois
semaines. Vous vous demandez :
Sur quoi se battra-t-on ?

— Sur des programmes.

Je m'explique.

Le scrutin de liste a été rétabli,
et les élections sont fixées au premier dimanche d'octobre. Mais
préalablement, huit ou quinze jours
avant le scrutin pour la désignation
des députés, un autre scrutin, le plus
important des deux, aura eu lieu :
on aura voté sur les programmes.
Oui, sur les programmes. Raison-
nons par hypothèse, pour rendre

notre exposé plus clair.

Le parti révolutionnaire, le parti socialiste indépendant, le parti radical, le parti opportuniste et le parti d'opposition de droite ont rédigé chacun leur programme ; les hommes des différents partis qui entendent briguer un siège législatif, ou, à leur défaut, des comités, se sont groupés, selon leurs affinités, et ont lancé une profession de foi, sans aucune signature des futurs candidats.

Les journaux, les comités, etc. commencent aussitôt la compagne électorale sur les programmes, sur des idées, par conséquent, et, quand tout a été dit, quand chaque parti a mené la bataille pour le triomphe des principes qu'il a soumis aux réflexions des électeurs, on vote, huit ou quinze jours avant le scrutin pour les députés, sur les dits programmes.

Le dépouillement donne, par exemple, sur 100,000 votants, 10,000 voix au programme révolutionnaire , 30,000 au programme socialiste indépendant, 25,000 au programme radical, 19,000 au programme opportuniste et 16,000 au programme d'opposition de droite.

On procède alors à la répartition des sièges, qui serait faite dans les conditions suivantes :

Tout d'abord, le programme n'ayant pas réuni un dixième des votants serait écarté ; le parti qui l'aurait présenté ne pourrait prétendre à aucun siège.

La répartition se ferait alors — après attribution d'un siège au parti ayant groupé au moins le dizième des votants — à raison de 1 député par 20,000 votants et fraction de 20,000. Exemple :

Votants : 100,000

Parti révolution. 10,000 v. = 1 siège
Parti soc. indép. 30,000 v. = 2 »
Parti radical. . 25,000 v. = 2 »
Parti opportun. 19,000 v. = 1 »
Parti d'op. de dr. 16,000 v. = 1 »

C'est-à-dire que les partis obtiendraient, sur 100.000 votants :

De 10,000 voix à 20,000 — 1 siège.
De 20,001 voix à 40,000 — 2 sièges.
De 40,001 voix à 60,000 — 3 sièges.

Et ainsi de suite, en ne tenant compte, pour déterminer le minimum des voix que la minorité devra réunir afin d'avoir droit au moins à un siège, que du nombre des votants, dont il lui faudra, nous le répétons, réunir au moins le dizième.

Cette attribution faite, aurait lieu, dans les proportions que nous venons d'indiquer, l'élection des députés.

Comment celle-ci se ferait-elle et quels seraient les avantages de ce système ? c'est ce que nous allons exposer.

III

Le scrutin sur les programmes a eu lieu. Le lendemain ou le surlendemain, lorsque tous les résultats sont connus, l'Administration préfectorale publie un avis indiquant le nombre de sièges dévolus à chaque parti.

Admettons définitivement que le scrutin pour l'élection des députés aura lieu quinze jours après celui sur les programmes. Dans cet intervalle, les candidats se produisent et déclarent se ranger sous tel ou tel drapeau. Les Comités, les journaux font leur choix et recommandent aux électeurs ceux qu'il leur plaît de patronner.

Le jour du scrutin arrive, sept députés doivent être élus ; mais il y a quinze ou vingt candidats. Quels seront les nommés ? Naturellement ceux de chaque parti arrivés en tête.

Je continue de prendre comme type un département qui, par la façon dont se seraient répartis ses 100,000 votants, aurait sept députés à élire. Le scrutin donne les résultats suivants :

PARTI RÉVOLUTIONNAIRE

(10,000 voix. — 1 député à élire)

Ont obtenu :

MM. A. . . 7,200 voix.
    B. . . 2,800 voix.

M. A... est élu.

PARTI SOCIALISTE INDÉPENDANT

(30,000 voix. — 2 députés à élire)

Ont obtenu :

MM. C. . . . . . 22,500 voix
    D. . . . . . 21,500 —
    E. . . . . .   8,500 —
    F. . . . . .   7,500 —

MM. C... et D... sont élus.

Il est inutile, il nous semble, que nous poursuivions plus loin la démonstration pour faire comprendre le mécanisme de notre système, qui, en somme, est on ne peut plus simple.

Il nous reste maintenant à exposer ses avantages, qui sont, à notre avis, aussi indiscutables que nombreux.

L'application de notre système aurait pour premier résultat d'obliger les rédacteurs des programmes soumis au choix des électeurs, à en finir avec les formules vagues, insignifiantes, imprécises, à double-sens dont abusent tant de candidats à la députation. Pour amener ses adhérents à se prononcer sur la profession de foi qu'il aurait rédigée, chaque parti devrait forcément, un peu... beaucoup à l'inverse de ce qui se passe aujourd'hui, préciser nettement ses *desiderata*.

Il est évident qu'un appel aux électeurs où il serait dit, par exemple :

« Nous voulons la France grande et prospère ; — le progrès pacifique et fécond ; — une juste répartition des impôts ; etc., etc. » — il est évident, dis-je, qu'une profession de foi aussi nébuleuse, que tout le monde pourrait signer, n'indiquerait pas précisément de quel parti elle émanerait, et que l'électeur se garderait bien de lui accorder son suffrage.

Donc, la grande bataille électorale se livrant, non plus sur des noms, mais sur des idées, celles-ci s'affirmeraient forcément avec une netteté jusqu'à ce jour inconnue. Nous verrions des programmes dépêtrés d'une phraséologie boursoufflée qui, à cette heure, dans les professions de foi, tient la plus grande place.

Nous aurions des appels dans le genre de celui-ci :

« Nous voulons : la révision de la
« Constitution ; — la suppression du
« Sénat ; la suppression de la pré-
« sidence de la République ; — la
« dénonciation du Concordat ; — la
« suppression du budget des cultes;
« — le retour des biens de main-
« morte à la Nation ; — la création,
« avec le produit de ces suppres-
« sions, d'une caisse de retraite
« pour la vieillesse ; — la reprise des
« chemins de fer par l'Etat ; — etc.,
« etc. »

A côté se trouverait, émanant du parti opportuniste ou conservateur, un programme tout aussi clair, réclamant le maintien de tout ce que voudrait supprimer celui ci-dessus.

Ici et là, à gauche et à droite, il y aurait une précision qui manque dans les programmes d'aujourd'hui, et l'électeur, en déposant son bulletin en faveur de telle ou telle profession de foi, saurait au moins pour quoi il a voté.

Tandis qu'avec le système actuel, il se prononce le plus souvent en faveur d'un programme tellement nuageux, si vague, si cotonneux, qu'il pourrait être signé aussi bien d'un révolutionnaire que d'un opportuniste féroce.

Il faut envisager également qu'une Assemblée dont les membres auraient été élus sur des déclarations très nettes, accomplirait forcément une besogne dont sont incapables nos représentants actuels, nommés sur des programmes à ce point amphibologiques que le même député peut — cela se voit du reste assez souvent — à huit jours d'intervalle, voter *pour* puis *contre* une même réforme et soutenir dans les deux cas qu'il a respecté ses engagements électoraux.

Les élections y gagneraient en loyauté, puisque chaque parti aurait intérêt à sortir son drapeau de sa poche et à le montrer au grand jour pour permettre à ses amis de le rallier.

J'estime que les réels avantages qui résulteraient de l'application du

système que je viens d'exposer,
suffiraient à eux seuls à le justifier;
mais comme les partisans de l'éter-
nelle routine ont besoin d'être dix
fois convaincus de la supériorité
d'un procédé quelconque avant de
l'adopter, il est bon que nous ne
laissions dans l'ombre aucun des
arguments qui plaident en sa faveur.

IV

Nous voici débarrassés des programmes bizarres qui permettent
à leur auteur de dire :

> Je suis oiseau, voyez mes ailes,
> Je suis souris, vivent les rats.

C'est déjà beaucoup, mais ce n'est
pas tout. N'est-il pas indubitable
que tout d'abord disparaîtraient,
sinon totalement, tout au moins
dans une grande proportion, les violences de langage auxquelles on se
livre dans chaque parti en temps
de période électorale?

Il est facile d'en expliquer la raison.

La lutte la plus vive, la plus impor-
tante serait celle qui précéderait le
scrutin sur les programmes, c'est-
à-dire celui qui établirait le nombre
de sièges revenant à chaque parti.
Or, je l'ai dit, la profession de foi

adressée aux électeurs par chaque fraction de l'opinion publique, ne serait pas signée des futurs candidats.

La bataille se livrerait par conséquent sur des idées, sur des principes, et non sur des questions de personnes. Dans ces conditions, il est bien évident que les polémiques n'auraient pas l'acuité qu'elles ont aujourd'hui. Seules — ou à peu près — les questions de personnes provoquent les violences de langage, accompagnement presque obligatoire à cette heure de toute élection politique.

— « Mais, me dira-t-on, vous aurez cependant à faire une campagne qui ne portera que sur les personnalités, celle qui précédera le scrutin pour le choix des députés. »

Il n'est pas téméraire d'affirmer que cette campagne sera forcément modérée. Pourquoi ? parce que les les journaux ou comités de chaque parti n'auront pas à combattre d'adversaire politique. Le premier scrutin, celui sur les programmes, a attribué un siège ou deux au parti réactionnaire, par exemple. A quoi cela servirait-il aux opportunistes, aux radicaux ou aux socialistes de combattre le ou les candidats présentés par le parti réactionnaire, puisque celui-ci *devra* avoir un ou deux représentants?

La lutte se circonscrira tout naturellement entre candidats de la même nuance, ayant accepté le même programme. Comment, dans ces conditions, pourrait-il venir l'idée aux comités ou aux journaux patronnant des candidats différents, mais ayant d'identiques aspirations, de combattre leurs concurrents avec vivacité? Il est bien évident que si nous ne mettons pas de gants pour parler d'un adversaire, par contre nous ne pourrons faire autrement que d'employer des formes pour exposer les considérations qui, à nos yeux, militeront en faveur de M. X... plutôt que de M. Z...

On arriverait très difficilement, je pense, à se décider à tirer à boulets rouges sur un ami politique.

Grâce au mode de scrutin que nous défendons, la transformation que nous venons d'indiquer s'opérerait certainement dans nos mœurs électorales, et il y aurait lieu de s'en réjouir. Tout le monde y gagnerait, — le fisc et les candidats qui se refont une virginité avec des dommages-intérêts exceptés. Mais faut-il se préoccuper de ceux-ci ou de celui-là? Nous sommes tous d'accord pour convenir que non.

Sont-ce là les seuls avantages de notre système?

Je pourrais répondre : Ne présentât-il que ceux indiqués jusqu'ici, il aurait déjà suffisamment de mérites pour provoquer le bienveillant examen des hommes qui pensent avec juste raison que l'organisation actuelle du Suffrage universel est loin d'être parfaite, et que tôt ou tard il faudra en modifier le fonctionnement. Mais il se recommande encore d'autre façon à l'approbation des adversaires de la sainte routine.

J'ai exposé les motifs qui, à mon avis, feraient pour ainsi dire aux partis une obligation de soumettre aux électeurs un programme précis, aux formules claires et concrètes, allégé des phrases à panache comme des déclarations amphibologiques. Il serait donc on ne peut plus facile de se rendre compte, par un rapide classement des professions de foi qui auraient triomphé, de quel côté se trouve la majorité.

La formation d'un ministère homogène ne présenterait donc aucune difficulté, et, du fait que la majorité qui l'appuierait aurait été élue sur un programme ne permettant pas l'équivoque, ne favorisant pas les trahisons. résulterait une stabilité ministérielle jusqu'à ce jour inconnue.

En outre, le groupement d'une majorité sur un certain nombre de projets bien définis, aurait pour conséquence la réalisation rapide de ceux-ci.

Que 250 députés, par exemple, sur environ 300 ou 350 que compterait la Chambre élue avec notre système, se soient prononcés nettement en faveur de l'impôt progressif sur le revenu, quelle raison à peu près acceptable pourrait donner pour le repousser un seul de ces 250 ?

Aujourd'hui, grâce aux obscurités accumulées par les candidats dans leurs professions de foi, les palinodies dont nous avons été les témoins récemment, à propos du projet de notre ami Doumer, sont relativement faciles à expliquer. Il n'en irait plus de même à l'avenir : nous avons dit pourquoi.

Au reste il y a, pour obliger les députés à rester fidèles au programme qu'ils auraient accepté, le moyen coercitif qu'on appelle le mandat impératif, dont l'organisation deviendrait, à cause encore de la précision des cahiers électoraux, d'une très grande facilité. Avec les professions de foi actuelles, vagues pour la plupart à ce point qu'il est impossible de dire exactement ce que veulent et ce que ne veulent pas leurs auteurs, le mandat impératif est impossible. Avec notre système, rien ne s'opposerait à son fonctionnement.

Le dernier argument que nous voulions donner en faveur du mode d'élection que nous préconisons, c'est qu'avec lui, nous aurons une Chambre à l'image du pays; tandis qu'actuellement les deux cinquièmes des électeurs votant — les seuls dont nous ayons à nous occuper — n'ont pas de représentants. Ils sont cependant Français... et contribuables au même titre que les autres, et je persiste à croire que l'équité la plus élémentaire veut qu'ils aient, eux aussi, la possibilité de se faire représenter au Parlement.

Notre sytème est inspiré par des idées de justice et de probité politique : il a donc l'avenir pour lui !

FIN

www.ingramcontent.com/pod-product-compliance
Lightning Source LLC
Chambersburg PA
CBHW071432030726
47594CB00006B/2692